Achtsamkeit – Dein Weg zum Erfolg
Achtsamkeitstagebuch mit Übungen
und Entspannungsgeschichten

Für jeden der sein Leben selbst in die Hand nehmen will

NATURHEILPRAXIS MOBIL
Tanja Walther - Heilpraktikerin

www.hypnose-emdr-walther.de
Tanja Walther
Heilpraktikerin

Achtsamkeit – Dein Weg zum Erfolg

Sei achtsam!

Sei aufmerksam!

Nutze den Tag!

Nimm dein Leben selbst in die Hand!

Erfolg ist die Realität deiner Träume

Achtsamkeitsübungen

Entspannungsgeschichten

Tagebuch

Achtsamkeit-Dein Weg zum Erfolg

Bibliografische Information der Deutschen Nationalbibliothek:
Die Deutsche Nationalbibliothek verzeichnet diese Publikation in der Deutschen Nationalbibliothek; detaillierte bibliografische Daten sind im Internet über http://dnb.dnb.de abrufbar.

Herstellung und Verlag: BoD – Books on Demand, Norderstedt

ISBN: 978-3-7583-0477-5

Vorwort

Termine, Verpflichtungen, Hektik, noch mal schnell dies oder das besorgen…
Das kommt dir bekannt vor?
Wäre es nicht schön, ganz bewusst mal ein paar Minuten für sich selbst zu nutzen? Hört sich das egoistisch an? Vielleicht! Ich meine auch nicht die Freizeit, die man damit verbringt sich von anderen Menschen oder „Plattformen" bespaßen zu lassen.
Nein! Ich meine selbstbestimmte Minuten. Nur für dich allein. Mit DIR ALLEIN!
Warum? Möchtest du wirklich den Stress abschalten? Besser schlafen, sich besser konzentrieren, bewusster dein Leben genießen und dadurch endlich zu deinen Zielen gelangen? Dein Leben selbst in die Hand nehmen?
Dann nutze dieses Buch um alles erreichen zu können!
Ich gebe dir Anleitungen für verschiedene Achtsamkeitsübungen, die dafür sorgen, dich jeden Tag mehr und mehr auf dich zu fokussieren. Du lernst schneller mit stressigen Situationen umzugehen. Gleichzeitig werden deine Selbstheilungskräfte aktiviert. Diese Übungen nehmen meist nicht mehr als 5 Minuten deiner Zeit in Anspruch.
Du kannst zwischen den Seiten wählen. Es gibt keine Richtungsvorgabe. Deshalb auch keine Seitenangaben.
Du kannst z.B. auch mit der letzten Seite beginnen. Lasse dich auf dich ein. Du bestimmst das Tempo.
Du hast auf jeder Seite die Möglichkeit deine Eindrücke des Tages festzuhalten. Dabei ist es egal was es war.

Wichtig! Benutze deine 5 Sinne. Positives sowie negatives. Vielleicht fällt es dir am Anfang schwer…
Beginne mit ganz einfachen Dingen:
wie z. B. Die Sonne scheint, ein Kinderlachen, die Tasse Kaffee / Tee am Morgen, eine Vorfreude auf ein Ereignis,
…

Wenn wir etwas öfter tun, können wir es auch immer besser. Schreibe alles auf ohne dabei zu denken. Es soll dir schnell von der Hand gehen. Diese Art von Eintragungen fördert das Loslassen.

Bei den Entspannungsgeschichten gebe ich dir den Tipp: Lass sie dir vorlesen. Ruhig und mit Atempausen. Du kannst sie natürlich auch selbst aufsprechen (meist jedes Smartphone besitzt eine Diktierfunktion) und es dir selbst anhören. Achte auch dabei auf Ruhe und Atempausen.

Die Mantras auf den Zwischenseiten kannst du in deine Atemübungen einsetzen, laut aussprechen und wiederholen.

Jetzt wünsche ich dir Achtsamkeit und mentale Stärke um alle deine Ziele erreichen zu können.
Du wirst jeden Tag in dir selbst wachsen.

Datum:________________   Wochentag:____________

Mein Erlebtes:
Positiv: Negativ:

____

____

____

Besonders aufgefallen ist mir:
Gesehen:_______________________________________
Gehört:_____________________________________
Gefühlt:______________________________________
Gerochen:_______________________
Geschmeckt:________________________

Ich bin dankbar für:

____

____

____

Heute fühle ich mich:
schlecht   1 2 3 4 5 6 7 8 9 10   gut

Das hat mich heute besonders bewegt:

(Schreibe hier ohne nachzudenken einfach drauf los)

Diese Angewohnheit könnte ich bewusst ändern:

<u>**Achtsamkeitsübung**</u>

Werde achtsam!

Wir haben alles was wir brauchen.
Hast du aber einen besonderen Gegenstand in deiner
Nähe, welcher dir Freude bereitet?
Wenn du ihn jetzt sehen kannst, schaue ihn an.
Schließe jetzt deine Augen und stelle ihn dir vor.
Aussehen, vielleicht Geruch, Geräusch, wie fühlt er sich
an…
Öffne deine Augen und schreibe alles auf, was dir
spontan einfällt...

Was fühlst du dabei? Achte auf deine Sinne

____

____

____

____

____

____

____

____

____

____

____

____

Datum:________________   Wochentag:______________

Mein Erlebtes:
Positiv: Negativ:

____

____

____

Besonders aufgefallen ist mir:
Gesehen:____
Gehört:____
Gefühlt:____
Gerochen:__________________________
Geschmeckt:________________________

Ich bin dankbar für:

____

____

____

Heute fühle ich mich:
schlecht   1 2 3 4 5 6 7 8 9 10   gut

Das hat mich heute besonders bewegt:

(Schreibe hier ohne nachzudenken einfach drauf los)

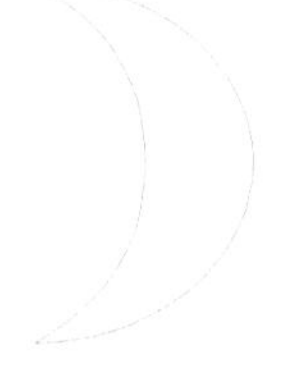

Diese Angewohnheit könnte ich bewusst ändern:

Ich bin wichtig

<u>**Achtsamkeitsübung**</u>

4-7-8 Atmung

Diese Übung hilft bei Ängsten und Einschlafproblemen

Mache es dir bequem!

Atme mit **geschlossenem** Mund **4 Sekunden** lang ein

Halte den Atem für **7 Sekunden** an

Atme durch den **geöffneten Mund tief 8 Sekunden**

lang aus

Datum:________________   Wochentag:_____________

Mein Erlebtes:
Positiv: Negativ:

____

____

____

Besonders aufgefallen ist mir:
Gesehen:_________________________________
Gehört:_______________________________
Gefühlt:_________________________________
Gerochen:___________________________
Geschmeckt:____________________

Ich bin dankbar für:

____

____

____

Heute fühle ich mich:
schlecht   1 2 3 4 5 6 7 8 9 10   gut

Das hat mich heute besonders bewegt:

(Schreibe hier ohne nachzudenken einfach drauf los)

Diese Angewohnheit könnte ich bewusst ändern:

Achtsamkeitsübung

Fotografieren mit deiner Phantasie

Nimm dir Zeit!

Sitz aufrecht, aber entspannt!

Schließe deine Augen!

Stelle dir deine jetzige Umgebung vor deinem inneren
Auge vor.
Erkennst du jeden Gegenstand, der sich um dich herum
befindet?

Was „siehst" du? Was hörst du? Was empfindest du?

Schreibe auf, was dir bewusst aufgefallen ist:

____

____

____

____

____

____

Datum:_______________   Wochentag:____________

Mein Erlebtes:
Positiv: Negativ:

♥________________________   ⚡________________________

____

____

Besonders aufgefallen ist mir:
Gesehen:_____________________________________
Gehört:_____________________________________
Gefühlt:_____________________________________
Gerochen:_____________________________
Geschmeckt:_____________________________

Ich bin dankbar für:

____

____

____

Heute fühle ich mich:
schlecht   1 2 3 4 5 6 7 8 9 10   gut

Das hat mich heute besonders bewegt:

(Schreibe hier ohne nachzudenken einfach drauf los)

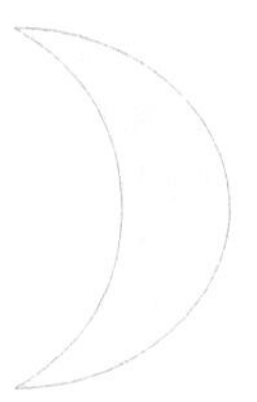

Diese Angewohnheit könnte ich bewusst ändern:

Mantra

<u>**Entspannungsgeschichte   Sehen**</u>

Nimm dir min. 20 Minuten Zeit!!!

Liegst du oder sitzt du bequem?...Dann lasse dich darauf
ein, eine Reise zu beginnen...Atme ein...atme aus...Atme
ein..lasse deinen Atem sich selbst atmen...Gedanken
kommen und gehen..wie Wellen, die in den Strand
hineinrollen..kurz verweilen..um sich dann wieder ins
Meer zurückzuziehen...stelle dir bewusst vor wo du jetzt
am liebsten sein möchtest...Ruhe strömt durch deinen
gesamten Körper...lasse diese Ruhe fließen...vom
Kopf...über den Nacken...über Brust und Bauch...in deine
Arme hinein..in die Oberarme...in die Unterarme..bis in
jede Fingerspitze darf du dir erlauben, die Ruhe zu spüren
Atme tief ein und aus
Konzentriere dich jetzt bewusst auf deine Augen
vielleicht hast du sie bereits geschlossen oder wirst deine
Augen in wenigen Augenblicken schließen…
Stelle dir deinen Rückzugsort vor...was siehst du?…
Siehst du einen langen Sandstrand mit einem
weitreichendem Horizont...die Wellen des Meeres
berühren deine Füsse...bleiben einen Moment..ziehen sich
wieder zurück ins Meer...siehst du Bäume, die sich sanft
im Wind wiegen? Hin und her...eine Ruhe strömt von
diesem Ort.
Was siehst du noch? Was bringt dir die Freude? Möchtest
du jetzt deinen Augen auch die Ruhe gönnen?
Entspanne deine Augen auf deine dir eigene Art und
Weise, wir du entspannen kannst.

Vielleicht kannst du dir vorstellen...deine Augen zu reinigen...vom Stress...von jeglicher Anspannung. Nutze vielleicht einen lauen Wind, der sanft jeglichen Stress aus deinen Augen wegweht...ein sanfter Fluss...der jegliche Anspannung fortschwemmt...ein Fluss des Lebens, der die negativen Stimmungen mitnimmt...nur das postive Gefühl darf bleiben...bis die Augen klar und gereinigt sind...bis das Gefühl in dir klar und gestärkt ist…
und wenn deine Augen jetzt klar und gereinigt sind…
du klar und gestärkt bist…. Dann atme jetzt tief durch die Nase ein...halte einen kurzen Augenblick den Atem an..atme dann tief durch den geöffneten Mund wieder aus und öffne deine Augen

Datum:_______________   Wochentag:____________

Mein Erlebtes:
Positiv: Negativ:

____

____

____

Besonders aufgefallen ist mir:
Gesehen:____
Gehört:____
Gefühlt:____
Gerochen:________________________
Geschmeckt:______________________

Ich bin dankbar für:

____

____

____

Heute fühle ich mich:
schlecht   1 2 3 4 5 6 7 8 9 10   gut

Das hat mich heute besonders bewegt:

(Schreibe hier ohne nachzudenken einfach drauf los)

Diese Angewohnheit könnte ich bewusst ändern:

Achtsamkeitsübung

Tiefe Atemübung im Sitzen (mal für eben zwischendurch)

Du hast einen kurzen Moment für dich? Keine
Kundschaft, Familenmitglieder oder der Drucker läuft
gerade noch?…..

Setze dich bequem aufrecht hin und **schaue geradeaus**!

Jetzt sollte dein Fokus nur auf deiner Atmung liegen..

Ganz bewusst ein-, ausatmen.

Einatmen durch die Nase, ausatmen durch den Mund

Denke das Atmen!

Ein beim Einatmen
Aus beim Ausatmen

Verbinde deine Gedanken mit dem Atmen. Wiederhole
diese Übung 3 – 5 x
Dann strecke dich!!

Datum:_______________   Wochentag:____________

Mein Erlebtes:
Positiv: Negativ:

Besonders aufgefallen ist mir:
Gesehen:____________________________________
Gehört:____________________________________
Gefühlt:____________________________________
Gerochen:____________________________
Geschmeckt:____________________________

Ich bin dankbar für:
____
____
____

Heute fühle ich mich:
schlecht   1 2 3 4 5 6 7 8 9 10   gut

Das hat mich heute besonders bewegt:

(Schreibe hier ohne nachzudenken einfach drauf los)

Diese Angewohnheit könnte ich bewusst ändern:

Ich bin genug

<u>**Achtsamkeitsübung**</u>

Spatzenmeditation

Gehe allein spazieren. Achte darauf das Smartphone auszuschalten.

Achte auf jeden Schritt..ganz bewusst!
Gehe langsam, deine Arme kannst du bewusst auf deinen Bauch-, oder Brustbereich legen.
Achte auf deine Atmung...einatmen und ausatmen...spüre, wie sich Brust oder Bauch heben.
Setze einen Fuß vor den anderen, achte dabei ganz **bewusst** darauf; wie setzt du den Fuß auf. Kannst du die Abrollbewegung intensiv wahrnehmen? Gibt es auch bei der ruhigen Bewegung einen bestimmten Takt?
Achte ganz bewusst auf deine Füße und auf deine Atmung!

Versuche diese Übung für min. 10 Minuten um deinen Takt zu finden.
Danach solltest du konzentrierter und befreiter sein.

Datum:________________   Wochentag:____________

Mein Erlebtes:
Positiv: Negativ:

____

____

____

Besonders aufgefallen ist mir:
Gesehen:____
Gehört:____
Gefühlt:____
Gerochen:_______________________________________
Geschmeckt:_____________________________________

Ich bin dankbar für:

____

____

____

Heute fühle ich mich:
schlecht   1 2 3 4 5 6 7 8 9 10   gut

Das hat mich heute besonders bewegt:

(Schreibe hier ohne nachzudenken einfach drauf los)

Diese Angewohnheit könnte ich bewusst ändern:

<u>Achtsamkeitsübung</u>

5 x 5 Sinne ansprechen

Nehme dir 5 Dinge die dir Freude bereiten:

Es können kleine unauffällige Dinge sein, wie z.B. die gute Tasse Kaffee / Tee am Morgen, der Sonnenschein, ein bevorstehendes Ereignis, der nette Morgengruß….

Suche dir deine 5 Dinge und schreibe ganz bewusst auf:

       Sehen: Hören: Fühlen: Riechen: Schmecken:

1.____

2.____

3.____

4.____

5.____

Datum:________________   Wochentag:_____________

Mein Erlebtes:
Positiv: Negativ:

____

____

____

Besonders aufgefallen ist mir:
Gesehen:____
Gehört:____
Gefühlt:____
Gerochen:____
Geschmeckt:____

Ich bin dankbar für:

____

____

____

Heute fühle ich mich:
schlecht   1 2 3 4 5 6 7 8 9 10   gut

Das hat mich heute besonders bewegt:

(Schreibe hier ohne nachzudenken einfach drauf los)

Diese Angewohnheit könnte ich bewusst ändern:

<u>Entspannungsgeschichte   Hören</u>

Nimm dir min. 20 Minuten Zeit!

Suche einen Ort auf, an dem du nicht gestört wirst.
Dieser Ort darf aber jede Menge Geräusche für dich
bereit haben…

Achte auf deine Atmung...bei jedem Einatmen darfst du
dir jetzt schon einmal vorstellen...nur positives wird
eingeatmet...frische, klare Luft...reichlich Sauerstoff…
positive Energien, wie Kraft, Konzentration, Selbstliebe,
Selbstvertrauen...bei jedem Ausatmen darfst du dir
vorstellen...negative Dinge verlassen mit dem Atem
deinen Körper und Geist….Jeglicher Stress, jedes
Unwohlsein, jeder Ärger...Je tiefer du durch den Mund
ausatmest, desto besser befreist du dich von den lästigen
Dingen….
Achte jetzt bewusst auf jedes Geräusch in deiner
Umgebung...ganz gleich, was es ist ...lausche in jede
Richtung...was hörst du? Auf dem einen Ohr ist es
vielleicht ein bellender Hund...ein lachendes Kind...ein
Auto, was vorbei fährt...auf dem anderen Ohr hörst du
vielleicht das Rauschen der Blätter an einem Baum...der
Wind, der das Weizenfeld durchkämmt….ganz
gleichgültig...aber ganz bewusst für dich hörbar...was
fühlst du bei den Geräuschen...kannst du schon
herausfiltern...welches Geräusch bringt dir Freude…
welches Geräusch kannst du überhören...vielleicht kannst
du dir jetzt auch vorstellen...ein Bachlauf...weites Feld…

saftiges Grün der Wiese...das Zirpen von Grillen...was
hörst du auf dem einen Ohr….was hörst du auf dem
anderen Ohr...sind alle Geräusche eine Freude für dich…
fühle in dich hinein...kannst du ein Geräusch leiser
empfinden?...Stelle dir bewusst vor diese eine
unangenehme Geräusch kannst du wie ein Radio immer
leiser und leiser und leiser drehen...versuche es
einmal...während du die guten Geräusche lauter und
lauter und lauter drehen kannst…
Fühle ganz bewusst, was du nur mit deinen Gedanken
steuern kannst... Es fällt dir ganz leicht...Sobald du mehr
und mehr die Konzentration auf die guten Geräusche
lenkst...wirst du merken, wie entspannter und wohliger du
deinen Tag meistern kannst.

Atme tief durch die Nase ein...sage dir ganz bewusst:
ich konzentriere mich nur auf die positiven Dinge
Atme tief durch den Mund aus. Wiederhole dies 3x.

∞

Datum:________________   Wochentag:____________

Mein Erlebtes:
Positiv: Negativ:

____

____

____

Besonders aufgefallen ist mir:
Gesehen:____
Gehört:____
Gefühlt:____
Gerochen:___________________________________
Geschmeckt:___________________________________

Ich bin dankbar für:

____

____

____

Heute fühle ich mich:
schlecht   1 2 3 4 5 6 7 8 9 10   gut

Das hat mich heute besonders bewegt:

(Schreibe hier ohne nachzudenken einfach drauf los)

Diese Angewohnheit könnte ich bewusst ändern:

Ich werde geliebt

<u>**Achtsamkeitsübung**</u>

Körperliche Atmung

Stelle dich bequem hin.
Achte auf einen festen Stand.
Strecke jetzt deine Arme zur Seite aus.
Achte auf eine gute Körperspannung und strecke dann
auch deine Hände aus.
Jetzt atmest du tief durch die Nase lange ein, gleichzeitig
spannst du jetzt nach und nach jedes einzelne Körperteil
fest an. Hals, Schultern, Arme, Hände, Brust, Bauch, Po,
Oberschenkel, Unterschenkel ja selbst die Füße, strecke
deine Wirbelsäule.
Wenn du alles angespannt hast, atmest du fest und tief
durch den Mund aus und entspannst gleichzeitig den
gesamten Körper. Lass auch dann die Arme fallen.
Schüttel ruhig alles mal locker durch.

Mache diese Übung mehrmals hintereinander.
Alles was wir öfter tun, können wir auch immer besser.
Mindestens 3x wiederholen.

Datum:______________   Wochentag:____________

Mein Erlebtes:
Positiv: Negativ:

____________________________   ____________________________

____________________________   ____________________________

____

Besonders aufgefallen ist mir:
Gesehen:____
Gehört:____
Gefühlt:____
Gerochen:____________________________
Geschmeckt:____________________________

Ich bin dankbar für:

____

____

____

Heute fühle ich mich:
schlecht   1 2 3 4 5 6 7 8 9 10   gut

Das hat mich heute besonders bewegt:

(Schreibe hier ohne nachzudenken einfach drauf los)

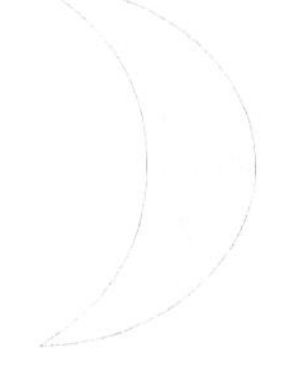

Diese Angewohnheit könnte ich bewusst ändern:

<u>Achtsamkeitsübung</u>

Bewusst atmen im Liegen

Begib dich an einen ruhigen Ort. Lege dich bequem auf
den Rücken.
Achte auf eine angenehme Unterlage.
Lege deine Hände auf deinen Bauch.
Beginne langsam und tief durch die Nase einzuatmen.
Ganz bewusst so langsam, wie es dir möglich ist.
Spüre, wie sich dein Brustkorb hebt.
Atme jetzt sehr langsam wieder durch den Mund aus und
spüre, wie dein Brustkorb sich senkt.
Atme jetzt wieder langsam durch die Nase ein und achte
jetzt dabei auf deinen Bauch. Kannst du in deinen Bauch
atmen? Hebt sich dein Bauch beim Einatmen.
Achte beim langsamen Ausatmen durch den Mund
darauf, ob dein Bauch sich senkt.

Wiederhole diese Übung 5x

Datum:_________________   Wochentag:____________

Mein Erlebtes:
Positiv: Negativ:

Besonders aufgefallen ist mir:
Gesehen:____
Gehört:_______________________________________
Gefühlt:____
Gerochen:______________________________
Geschmeckt:_________________________

Ich bin dankbar für:

____
____
____

Heute fühle ich mich:
schlecht   1 2 3 4 5 6 7 8 9 10   gut

Das hat mich heute besonders bewegt:

(Schreibe hier ohne nachzudenken einfach drauf los)

Diese Angewohnheit könnte ich bewusst ändern:

Ich bin innerlich und äußerlich schön

Achtsamkeitsübung

Einen Schritt zurück

Hast du heute eine Situation erlebt, die dich geärgert hat? Eine Situation, die dich immer noch beschäftigt?

Setze dich bequem hin. Stelle dir diese Situation im Geiste noch einmal vor. Was hat dich geärgert, gestresst…wie hast du reagiert?
Gehe jetzt in Gedanken einige Zeit zurück. Gehe in Gedanken vor den Zeitpunkt dieser Situation. Schaue dir diese Szene aus Entfernung an. Du weisst innerlich, was passiert, aber du kannst es jetzt bewerten. Was könntest du jetzt anders machen? Spiele diese Situation im Geiste durch. Was wäre...hättest du anders reagiert?

Atme tief ein und atme tief aus. Jetzt kannst du aufschreiben, was dich bewegt hat.

____

____

____

____

____

____

____

____

____

Datum:________________   Wochentag:____________

Mein Erlebtes:
Positiv: Negativ:

____

____

____

Besonders aufgefallen ist mir:
Gesehen:____
Gehört:______________________________________
Gefühlt:____
Gerochen:________________________________
Geschmeckt:______________________________

Ich bin dankbar für:

____

____

____

Heute fühle ich mich:
schlecht   1 2 3 4 5 6 7 8 9 10   gut

Das hat mich heute besonders bewegt:

(Schreibe hier ohne nachzudenken einfach drauf los)

Diese Angewohnheit konnte ich **bereits** ändern:

<u>**Entspannungsgeschichte**</u>   **Ärger lösen**

Nimm dir min. 20 Minuten Zeit und begib dich an einen ruhigen Ort. Mache es dir bequem.

Achte darauf, dich mit deinem Atem selbst in Ruhe zu bringen. Durch die Nase langsam einatmen, den Atem einen Augenblick halten. Durch den Mund langsam ausatmen.
Wiederhole diese Atmung bis zu 5x.

Fühle in dich hinein, liegst du bequem? Gehe in Gedanken jetzt in den Ärger, den du loswerden willst..
Du merkst vielleicht jetzt, wie sich dein Körper verspannt.
Stelle dir vor du stehst in einer sehr warmen, staubigen Umgebung. Du bist gestresst...jeder Muskel angespannt.. steinige, verbrannte Erde...der Ärger… so stark zu spüren so wie jeder Muskel ...jede Faser deines Körpers gespannt ..du spürst es ganz intensiv...dein Rücken gespannt..Arme, Hände, Beine, Füße,...alles ist fest gespannt….du kannst dich jetzt noch mehr darauf konzentrieren, alles noch ein wenig mehr auf Spannung zu bringen...so groß wie dein Ärger...die ganze aufgestaute Energie...dann kannst du dir vielleicht, wenn deine Muskulatur schon schmerzt, vorstellen ...ein See, der ruhig vor dir liegt...Ruhe und Harmonie ausstrahlt… der dich ansteckt...genauso ruhig zu werden...also entspanne jetzt deine gesamte Muskulatur sofort...spüre wie Kraft durch Wärme ersetzt wird….Wohlige

Entspannung sich in deinem gesamten Körper ausbreiten
darf.
Spüre die Entspannung im Gesicht...Hals...Schultern
dürfen locker werden...Arme und Hände lockern sich...du
wirst immer ruhiger...bei jedem Ausatmen löst sich mehr
und mehr die Anspannung….konzentriere dich auf
Brust...Bauch… Beine...Füße

Gönne dir noch ein bis zwei Atemzüge das gute Gefühl
des Loslassens

Datum:_________________   Wochentag:_____________

Mein Erlebtes:
Positiv: Negativ:

________________________________   ________________

____

____

Besonders aufgefallen ist mir:
Gesehen:____
Gehört:_______________________________________
Gefühlt:____
Gerochen:_______________________________
Geschmeckt:_________________________________

Ich bin dankbar für:

____

____

____

Heute fühle ich mich:
schlecht   1 2 3 4 5 6 7 8 9 10   gut

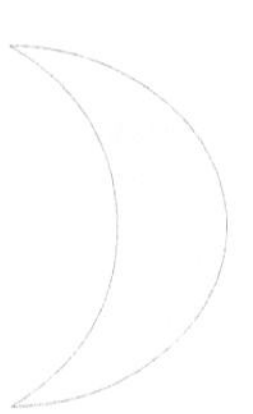

Das hat mich heute besonders bewegt:

(Schreibe hier ohne nachzudenken einfach drauf los)

Diese Angewohnheit könnte ich bewusst ändern:

Ich verzeihe mir

<u>**Achtsamkeitsübung**</u>

Negativ ins Positiv

Nimm dir Zeit und konzentriere dich

Es gibt immer wieder Dinge, die dich belasten?
Deine Gedanken kreisen?

Es gibt eine einfache, aber effektive Übung:

Schau in deine Handinnenfläche. Lege dort gedanklich alles negative hinein. Jeglicher Stress, Ärger, Unmut, Angst, ….

Schließe diese Hand und atme tief durch die Nase ein. Drehe jetzt deine Hand und atme tief durch den Mund aus.

Du schaust jetzt auf deine Handoberseite. Dort legst du gedanklich jetzt alles positive auf. Ganz gleich, welche Kleinigkeit es ist..Ein Lächeln, die Sonne, ein Gruß, ein Ereignis...
Öffne jetzt deine Hand (die Handinnenfläche zeigt nach unten)

Lasse alles negative jetzt aus der Hand fallen

Du kannst diese Übung so oft wiederholen, wie es für dich nötig ist

Datum:_______________   Wochentag:_____________

Mein Erlebtes:
Positiv: Negativ:

____

____

____

Besonders aufgefallen ist mir:
Gesehen:_____________________________________
Gehört:___________________________________
Gefühlt:____________________________________
Gerochen:____________________________
Geschmeckt:_____________________________

Ich bin dankbar für:

____

____

____

Heute fühle ich mich:
schlecht   1 2 3 4 5 6 7 8 9 10   gut

Das hat mich heute besonders bewegt:

(Schreibe hier ohne nachzudenken einfach drauf los)

Diese Angewohnheit könnte ich bewusst ändern:

Ich bin einzigartig

Datum:_________________   Wochentag:______________

Mein Erlebtes:
Positiv: Negativ:

____

____

____

Besonders aufgefallen ist mir:
Gesehen:_______________________________________
Gehört:_____________________________________
Gefühlt:______________________________________
Gerochen:_________________________________
Geschmeckt:__________________________________

Ich bin dankbar für:

____

____

____

Heute fühle ich mich:
schlecht   1 2 3 4 5 6 7 8 9 10   gut

Das hat mich heute besonders bewegt:

(Schreibe hier ohne nachzudenken einfach drauf los)

Diese Angewohnheit könnte ich bewusst ändern:

<u>**Entspannungsgeschichte**</u>   **5 Sinne**

Du hast es dir richtig bequem gemacht und darauf
geachtet Zeit für dich einzuplanen.
Nimm dir min. 20 Minuten Zeit!

Lege dich auf eine angenehme Unterlage. Vielleicht
kannst du jetzt oder in wenigen Augenblicken deine
Augen schließen. Der Atem kommt...der Atem geht..
ganz von selbst...lass deinen Atem sich selber atmen…
Gedanken kommen...bleiben einen Moment...und ziehen
weiter...wie Wolken am Himmel...kommen...bleiben..
weiterziehen...Lasse deinen Körper jetzt Stück für Stück
mehr entspannen..Achte auf deine Augen...sind sie bereits
geschlossen?..entspanne deine Augen...auf deine dir
eigene Art und Weise...so wie du es kannst...entspanne
jetzt dein Gesicht..deine Wangen...deine Stirn...dein
Kinn...entspanne den gesamten Kopf...der ruhig auf der
Unterlage ruhen darf...lasse deinen Hals ruhig werden…
Schultern dürfen sich sanft an die Unterlage schmiegen..
Rücken und Wirbelsäule ganz entspannt zur Ruhe
kommen lassen..die Unterlage spüren..Beine dürfen
schwer werden...atme durch die Nase ein...durch den
Mund sanft aus...achte ganz intensiv darauf..Wie fühlt es
sich an? Liegst du gut und richtig?.. Ist alles so, dass es
sich gut anfühlt?
Stelle dir jetzt einen wunderschönen Waldweg vor. Ob du
diesen Weg kennst oder nicht ist unwichtig...gehe jetzt im
Geiste diesen Weg...Was siehst du?….Blumen am
Wegesrand?… Was hörst du?...Das Rauschen des Windes
in den Baumwipfeln?… Zirpen der Grillen...achte auf die

Geräusche in deiner Umgebung...gibt es dort ein Geräusch, was dir Freude bereitet?
Was kannst du riechen?...Kannst du dir vorstellen den Waldboden zu riechen...welche Gerüche gibt es in deiner Umgebung...ist dort ein Geruch, der dir Freude bereitet?
Vielleicht kennst du noch das Gefühl...wenn du etwas siehst...etwas hörst...etwas riechst...etwas schmeckst… was dich vielleicht in eine schöne Erinnerung zurückbringt? Dieses gute Gefühl darfst du dann ganz intensiv spüren. Sich die guten Erinnerungen ins Hier und Jetzt holen.
Was fühlst du jetzt auf diesem Weg..egal wo er dich hinführt...vielleicht zu einem See?...der weit und ruhig vor dir liegt…Ruhe und Harmonie strömen von diesem Ort...achte auf alle deine Sinne...was siehst du….was hörst du...was riechst du...kannst du eventuell etwas schmecken?...Wie fühlt es sich an….wenn du ein Steinchen vom Wegesrand nehmen würdest… in den See schmeißen würdest...wie hört es sich an..kannst du sehen, wie dieses Steinchen immer tiefer und tiefer sinkt...so ruhig und harmonisch...Fühlst du die Ruhe...Spüre die positive Energie, die nur du spüren kannst...die Kraft, die nur in dir steckt...alles erreichen zu können mit allen Sinnen im Hier und Jetzt...Das Leben genießen...ganz bewusst...dankbar sein...sehen...hören...riechen...fühlen… schmecken…
Atme jetzt ganz bewusst tief durch die Nase ein..
halte den Atem für einen Augenblick…
atme bewusst tief durch den Mund aus ...Wiederhole 3x
Öffne deine Augen, recke und strecke dich!!!

Datum:_______________   Wochentag:____________

Mein Erlebtes:
Positiv: Negativ:

____

____

____

Besonders aufgefallen ist mir:
Gesehen:_______________________________________
Gehört:_______________________________________
Gefühlt:_______________________________________
Gerochen:_______________________________
Geschmeckt:_______________________________

Ich bin dankbar für:

____

____

____

Heute fühle ich mich:
schlecht   1 2 3 4 5 6 7 8 9 10   gut

Das hat mich heute besonders bewegt:

(Schreibe hier ohne nachzudenken einfach drauf los)

Diese Angewohnheit könnte ich bewusst ändern:

Ich bin dankbar

Datum:_______________   Wochentag:_____________

Mein Erlebtes:
Positiv: Negativ:

__________________________   _______________________________

____

____

Besonders aufgefallen ist mir:
Gesehen:____
Gehört:____
Gefühlt:____
Gerochen:___________________________________
Geschmeckt:___________________________________

Ich bin dankbar für:

____

____

____

Heute fühle ich mich:
schlecht   1 2 3 4 5 6 7 8 9 10   gut

Das hat mich heute besonders bewegt:

(Schreibe hier ohne nachzudenken einfach drauf los)

Diese Angewohnheit konnte ich bereits ändern:

Entspannungsgeschichte   Schmecken

Bewusst Genuss erleben, bewusst essen

Du hast es dir ganz gemütlich gemacht. Keiner sollte dich
stören können. Du hast dir Zeit organisiert.
Nimm dir min. 20 Minuten Zeit.

Liegst du oder sitzt du wirklich bequem...dann lasse dich
darauf ein...ruhig und entspannt...atme tief durch die Nase
ein...halte den Atem einen Augenblick...atme tief durch
den Mund aus...spüre, wie bei jedem Atemzug den du
tust..dein Körper mehr und mehr zur Ruhe kommen
darf…

Lasse diese Ruhe durch deinen gesamten Körper
gleiten...vom Kopf...über den Nacken… Schultern...Arme
Hände..bis zu den Fingerspitzen darf die Ruhe sich
ausbreiten...über Brust und Bauch...in beide Beine hinein
Oberschenkel...Unterschenkel..bis hin zu den
Zehenspitzen…
(Wiederhole diesen Absatz)

Stelle dir eine große, saftige Wiese vor...am Ende dieser
Wiese steht ein nettes Haus..du bist dort zum Essen
eingeladen...betrete das Haus...vor dir ist der Tisch bereits
gedeckt… du bist eingeladen Platz zu nehmen...vor dir
steht ein Teller mit guten, schmackhaften Lebensmitteln..
sie sind nach deinem Geschmack zubereitet...was kannst
du sehen?..was kannst du riechen?...Bereite dich bewusst
auf den ersten Bissen vor… was schmeckst du?...Welche

Gewürze wurden verwendet?...Welche Kräuter wurden verarbeitet?...Achte ganz intensiv auf Konsistenz, Geschmack und Zutaten… Mit jedem Bissen wirst du immer bewusster den Geschmack erleben..du kannst dir mehr und mehr den Genuss erlauben…
Mit jedem Bissen glücklicher und satter..bei jedem Essen darfst du dir ab sofort erlauben..intensiver zu schmecken Genuss zu leben

Atme tief durch die Nase ein…
halte den Atem für einen Augenblick…
atme tief durch den Mund wieder aus
Wiederhole 3 x

Datum:_______________   Wochentag:____________

Mein Erlebtes:
Positiv: Negativ:

____

____

____

Besonders aufgefallen ist mir:
Gesehen:____
Gehört:____
Gefühlt:____
Gerochen:__________________________________
Geschmeckt:________________________________

Ich bin dankbar für:

____

____

____

Heute fühle ich mich:
schlecht   1 2 3 4 5 6 7 8 9 10   gut

Das hat mich heute besonders bewegt:

(Schreibe hier ohne nachzudenken einfach drauf los)

Diese Angewohnheit konnte ich bereits ändern:

Mantra

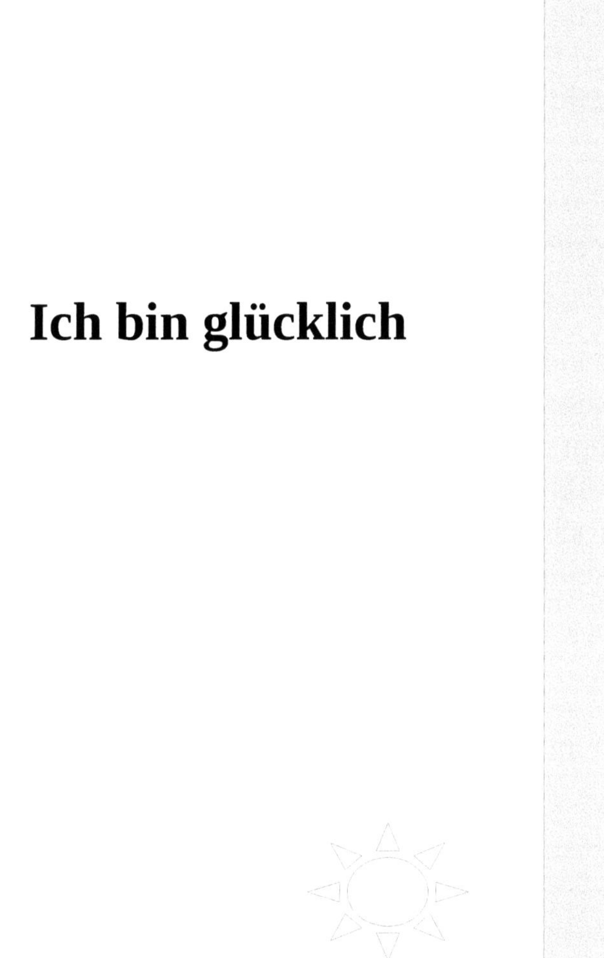

Datum:________________   Wochentag:____________

Mein Erlebtes:
Positiv: Negativ:

____

____

____

Besonders aufgefallen ist mir:
Gesehen:____
Gehört:____
Gefühlt:____
Gerochen:________________________
Geschmeckt:______________________

Ich bin dankbar für:

____

____

____

Heute fühle ich mich:
schlecht   1 2 3 4 5 6 7 8 9 10   gut

Das hat mich heute besonders bewegt:

(Schreibe hier ohne nachzudenken einfach drauf los)

Diese Angewohnheit konnte ich bereits ändern:

Bisher erschienen:

Auf den Schwingen des Pegasus

Tanja Walther, BoD Verlag

ISBN 9-783-749-483778

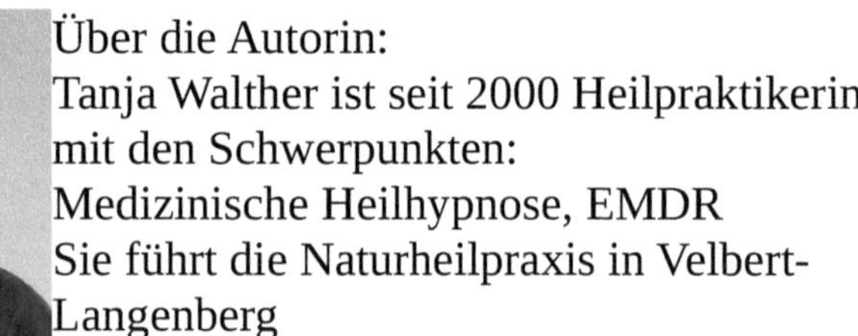

Über die Autorin:

Tanja Walther ist seit 2000 Heilpraktikerin
mit den Schwerpunkten:
Medizinische Heilhypnose, EMDR
Sie führt die Naturheilpraxis in Velbert-
Langenberg